Bela Bagunça

BAGUNCEIRA COMO VOCÊ!

Bela Bagunça

BAGUNCEIRA COMO VOCÊ!

astral cultural

Este livro foi revisado segundo o Novo Acordo Ortográfico da Língua Portuguesa.

Editora responsável Tainã Bispo
Produção editorial Aline Santos, Bárbara Gatti, Fernanda Costa, José Cleto, Luiza Marcondes e Natália Ortega
Fotos Rodrigo Takeshi e Arquivo pessoal
Ilustrações Shutterstock e Adriane Mascotti
Capa Agência MOV

Dados Internacionais de Catalogação na Publicação (CIP)
Angélica Ilacqua CRB-8/7057

C351b
Castro, Isabela
Bela bagunça / Isabela Castro. -- Bauru, SP:
Astral Cultural
Astral Cultural, 2018.
128 p. : il., color.

ISBN: 978-85-8246-712-1

1. Infantojuvenil 2. Brincadeiras 2. Vlogs (Internet) 3. YouTube (Recurso eletrônico) 4. Entretenimento I. Título

18-0290

CDD 028.5

Índice para catálogo sistemático:
1. Infantojuvenil 028.5

astral cultural

ASTRAL CULTURAL É A DIVISÃO LIVROS DA EDITORA ALTO ASTRAL.

BAURU
Rua Gustavo Maciel, 19-26
CEP 17012-110
Telefone: (14) 3235-3878
Fax: (14) 3235-3879

SÃO PAULO
Rua Tenerife, 31 - Conj. 21 e 22
CEP 04548-904
Telefone/Fax: (11) 3048-2900

E-mail: contato@astralcultural.com.br

Sumário

3

2

Que

comece

essa Bela

Bagunça!

OLHA QUEM chegou!!!

Olá, bagunceiros!

Tudo bem com vocês?
Eu estou SUPERULTRABIGMEGAPOWER FELIZ, porque agora euzinha posso ficar ainda mais pertinho de você para bagunçarmos e nos divertirmos muuuito! Tá preparado? Isso mesmo, agora é você que vai me levar para casa e ser oficialmente um...

Super bagunceiro de CORAÇÃO!

Estou louca para te conhecer ainda mais, conhecer sua casa, seus amigos, seus brinquedos...
Pega o livro e faz uma tour no seu quarto, na sua casa, na escola... Me apresenta tudooo e todo mundo! Tudinho mesmo!

Eu estava muito ansiosa, contando os dias, as horas, os minutos e os segundos para esse momento chegar. Você está feliz também?
Antes de começarmos essa aventura, tire uma fotinho sua com o livro e use a hashtag #livrobelabagunça e mostre para todo mundo que vamos todos começar uma bela e grande bagunça!

Preparei este livro com MUITO carinho para VOCÊ, meu bagunceiro de coração!!! E como sei que todo bagunceiro AMA brincar e se divertir bastante, o livro está recheado de diversões e com um capítulo INTEIRINHO SÓ DE BRINCADEIRAS!!! Uauuu, que incrível, né?! Este aqui, com certeza, vai ser o livro mais legal e divertido da sua vida!!!

Então, vamos deixar de blá-blá-blá!

É HORA DE BAGUNÇAR!

BABY bagunça

Antes de começarmos a nossa aventura, preciso admitir que essa história de bagunceira não é de hoje, não. Desde pequena eu *seeeeeempre* gostei muito de bagunçar, mas muito mesmo! Tem coisa melhor do que ser criança e se divertir? Acho que não...

QUERO SER
criança para sempre!
TEM COMO?

E eu adoro ver fotos, bagunceiros. Por isso, eu trouxe uma surpresa para vocês! Agora, nosso nível de intimidade vai ficar top, porque vou mostrar várias fotos de quando eu era bebê. Sabe aquelas que nossas mamães mostram para TODO MUNDO? Hahaha. Vem ver comigo!

Ahh, eu também amo bagunçar com o meu irmão. Aqui em casa, somos todos um grude! Bem família bagunça!

Ser criança

Sou criança com orgulho
É só correr, brincar e na piscina
Dar um mergulho

Se eu começo a dançar,
Já sou uma bailarina
E se uma coroa eu colocar,
Viro uma linda princesinha

Se asas brilhantes eu botar,
Uma fada eu vou virar.
Se com bolinhas marrons me enfeitar,
Em uma girafa vou me transformar.

Eu adoro ser criança,
É divertido pra valer.
Brincar, brincar, brincar,
Eu sempre vou querer.

Uma coisa eu sei, que sei
Mesmo quando crescer,
Alma de criança
Eu vou ter.

Afinal, é incrível ver
Tudo que dentro da cabeça de uma criança
Pode ter,
Não deixe a criança que há dentro de você morrer.

Bela Bagunça

Amor de vó é incondicional! E a saudade também... A vovó Luiza Helena virou meu anjo da guarda no céu. Aqui na Terra, meus anjos são a vovó Iris e os vovôs José Augusto e Luiz.

Eu já disse qye sou bagunceira desde sempre?

Eu era uma bebê muuuitooo lindinha, né? E desde criança, amo rosa!

E aí, bagunceiros?

Gostaram de conhecer um pouco mais sobre mim antes do canal? *Eu me diverti bastante compartilhando isso com vocês.* Ah, e nem preciso falar que a mamãe também amou, né? Ficou toda emocionada, lembrando de quando eu era bebê. *Maaaaaas,* antes de irmos para o próximo capítulo, quero ver se você é alguém que presta atenção nos detalhes! Vamos lá? Agora é a hora da verdade, hein!

Estou bagunçando de novo! Observe a foto abaixo e preste atenção em todos os detalhes! Depois, veja as afirmações na página ao lado e assinale com V (verdadeiro) ou F (falso).

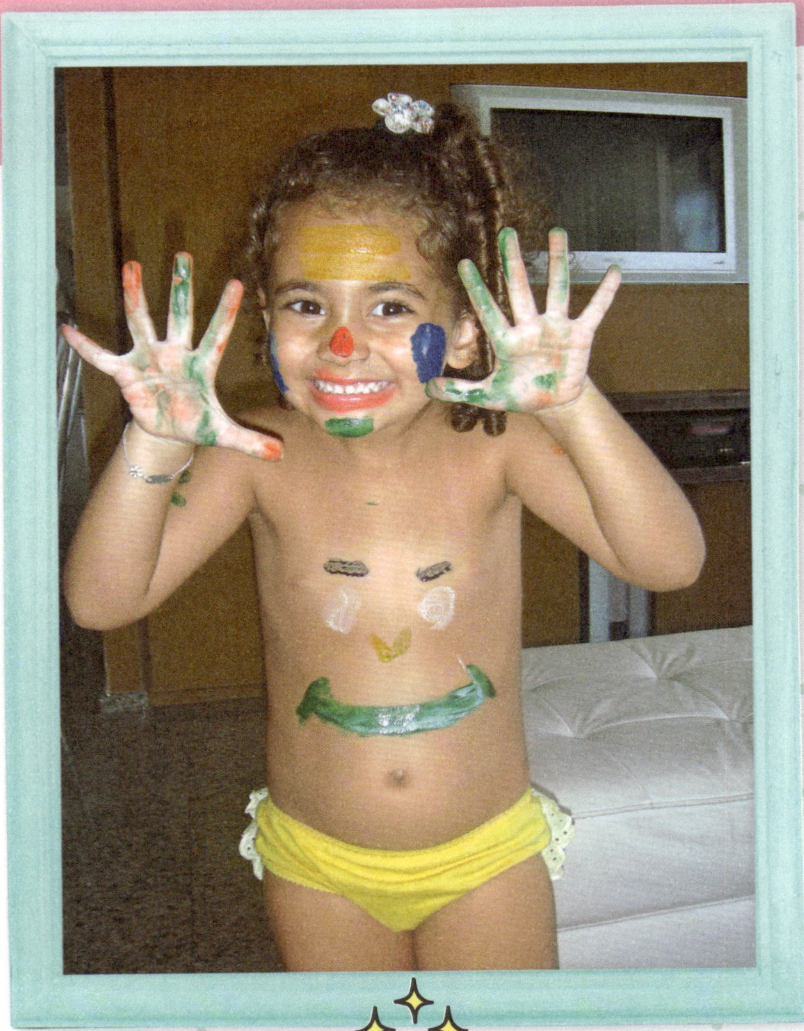

NO CÔMODO QUE EU ESTOU TEM UMA TELEVISÃO ROXA.

(V) (F)

ESTOU SÓ COM UMA MÃO LEVANTADA.

(V) (F)

A PAREDE ATRÁS DE MIM É BRANCA.

(V) (F)

NO MEU CABELO TEM UMA PRESILHA DE FLOR.

(V) (F)

MEU QUEIXO ESTÁ COM TINTA VERDE.

(V) (F)

A PONTINHA DO MEU NARIZ ESTÁ COM TINTA AZUL.

(V) (F)

AGOOOORA,
BAGUNCEIROS,
*é hora de
começar
a diversão!
Se prepare*
PARA
BAGUNÇARMOS
muitooo!

INVASÃO
bagunceira

Oiii, bagunceiros! Olha só quem veio fazer uma surpresa para vocês... Vocês acharam que euzinha não apareceria por aqui?

Opa! O que aconteceu?

EU ESTOU EM UM LIVRO
E VIREI DESENHO,
é isso?

Bia, o que você tá fazendo aqui? E o que aconteceu com você?

Vim conversar com os bagunceiros, Bela! E para isso, virei um desenho superlindo!

Uau! Que diferentona! Hahaha.

Agora, deixa eu falar! Para quem não me conhece, eu sou a Bia Bagunça, a maior bagunceira da galáxia! E lógico que eu não ia perder essa superbagunça em forma de livro! IDEIA BRILHANTE!

Eu também adorei a ideia do livro, Bia! Assim, os bagunceiros podem me conhecer um pouquinho melhor, né?

Conhecer só você?

Não, né? Conhecer a família toda: VOCÊ, o Magu, a mamãe, o papai e eu. E descobrir o quanto nós amamos bagunçar juntos!

Hahaha. Melhorou, Bela! Eu estava aqui falando para os bagunceiros que eu sou a maior bagunceira de toda a galáxia!

Bia sendo exagerada, como sempre.

Não fala assim, Bela! Os bagunceiros estão adorando essa minha participação SUPERULTRABIGMEGAPOWER ESPECIAL, não é?

Eu tenho certeza que sim, Bia! O que acha de se apresentar melhor para eles, então?

Adoreiii, Bela! Como vamos fazer?

Hmmm... Eu posso te fazer perguntas e você responde, tipo uma entrevista!

EU TOPO!!! Mas eu estava pensando em passar a receita do slime para eles... O que você acha, Bela?

VAMOS PASSAR JUNTAS, ENTÃO!

Eba! Tá bom!

Mas eu tenho uma ideia para deixar tudo mais divertido!

 *O que é???*

Vamos passar a receita para os bagunceiros, mas, para deixar um pouquinho mais divertido... Eles devem encontrar, no caça-palavras, os ingredientes que estão sublinhados na página ao lado.

Preparados???

Y	R	A	F	S	C	B	V	U	Z	K	P	U	V	Q
G	W	O	C	V	V	N	H	Á	Q	Q	Y	G	O	K
N	Z	Z	I	M	B	N	L	G	P	X	S	Y	H	I
B	B	L	F	B	L	Y	Z	U	F	K	G	Z	X	D
Q	E	G	R	W	C	O	R	A	N	T	E	S	P	A
D	A	C	A	W	B	A	Q	B	C	C	H	D	K	B
B	U	S	L	Y	Y	J	H	O	O	T	N	W	G	L
B	K	M	L	P	U	A	A	R	G	J	L	P	B	J
U	L	R	F	E	I	W	M	I	J	C	V	C	K	F
J	K	E	N	R	J	Y	Z	C	U	W	T	V	F	H
W	U	L	C	V	K	I	K	A	U	I	N	C	X	H
D	Q	K	D	S	B	I	Q	D	C	B	D	R	I	T
H	C	C	O	L	A	B	R	A	N	C	A	M	U	H
E	S	P	U	M	A	D	E	B	A	R	B	E	A	R
C	Q	Q	Y	F	I	J	E	P	Z	U	T	H	O	U

Tá vendo só como estava fácil? Hahaha. Agora, aqui vai a receita!

- ✔ Cola branca escolar
- ✔ Espuma de barbear
- ✔ Água boricada
- ✔ Corantes nas cores que você gosta

Para preparar

Pegue um recipiente, derrame o quanto desejar de cola e coloque a mesma quantidade de espuma de barbear. Misture bem e quando estiver tudo beeem misturadinho, você começa a colocar a água boricada.

AH!

O segredinho mágico está aqui: a água boricada precisa ser colocada aos pouquinhos, bem devagar. Você vai colocando e misturando, misturando, misturando... aí coloca mais um pouco e mistura mais e mais (tem que misturar bem antes de colocar mais água boricada, entendeu? Coloca um pouquinho, MISTURA. Colocou mais um pouco? MISTURA DE NOVO!).

E aí está prontinho...

Para deixar nas cores do arco-íris, separe em partes iguais o slime que você já preparou e coloque o corante nas cores que quiser (lembre-se: se não tiver corante, não tem problema, você vai ter um slime branco lindo e superbásico que você também vai adorar!).

TCHARAM!!! Agora está prontinho e você já pode brincar bastante. Tenho certeza que você vai se divertir com essa receita de *slime de arco-íris!*

Lá no canal, eu ensinei a fazer um megaslime gigante! Para assistir é só digitar o link no navegador.

youtu.be/YkAmJ53yhg0

Com certeza eles vão adorar brincar de slime também, né, Bela? Agora, que tal começarmos nossa entrevista? Vou responder tudinho que você perguntar. Quais são as dúvidas dos meus fãs?

Hahahaha, menos, vai, Bia! Bom... Para começar: quantos anos você tem?

Três aninhos, sou uma bebê muito lindinha!

E o que você quer ser quando crescer?

Ah, Bela. Eu nunca vou crescer. Quero ser igual ao Peter Pan e ser criança para sempre!

Hmmm... Tudo bem, então, Bia! E qual a sua cor favorita?

Aaaaaahhhh eu não consigo escolher só uma. Amo rosa e roxo!

Eu amo rosa também, Bia!

Eu sei! Dá para perceber, né? Hahaha.

Acho que sim, hahaha. E você gosta de brincar do quê, Bia?

Adoro brincar de qualquer coisaaa! Não tem nada melhor do que brincar.

É, eu também acho. Bia... lembra quando você estava brincando e derrubou toda a caixa de brinquedos?

Claro que eu lembro, Bela. Esse dia foi superengraçado!

Foi mesmo, mas você teve que arrumar tudinho depois.

É... essa parte não foi tão legal assim.

Biaaa, tive uma ideia brilhante!

Falando em arrumar bagunça... Nós precisamos pegar todos os brinquedos que deixamos no meu quarto. Por que você não se esconde entre eles e os bagunceiros têm que me ajudar a te procurar?
O que você acha?

Uauuu, Bela! Você está empolgada mesmo! ADOREI. *Feche os olhos, então, para não ver meu esconderijo! Hahaha.*

Tá bom! Vou contar até três, hein.

3, 2, 1...

QUE COMECE ESSA BELA BAGUNÇA!

Quer dizer... Arrumação, né? Até nessas horas podemos nos divertir! É só usar a imaginação! **ENTÃO, VAMOS LÁ, BAGUNCEIROS!!!**

A Bia está escondida no quarto da Bela! Você consegue encontrá-la?

Vocês me encontraram! Esses bagunceiros são muito espertos, viu. HAHAHA.

Sim, eles são! HAHAHA. Bia, esqueci de comentar, mas eu adorei essa sua versão desenho. Como você fez isso? Eu também quero ficar assim!

Não fui eu que fiz, né, Bela. Pelo jeito alguém fez isso por mim... Sou uma bebê tão fofa, que quiseram até me desenhar para o livro.

É... Pode ser. Mas eu também sou FOFA!

Sim, mas não é bebê. Então, eu sou mais fofa que você, porque bebês já são fofos mesmo sem querer. Sou duas vezes fofa. *Entendeu?*

HMMM... Tá, entendi! Então... Vamos parar de enrolar e ir para o próximo capítulo?

VAMOSSSS!!!

POR TRÁS da bagunça

Bom, bagunceiros, agora é a minha vez de falar, né?

Ai, Bela, você fala demais, deixa eu falar um pouco também.

Mas você acabou de ter um capítulo só seu, Bia.

Ah, eu sei... Mas quero conversar mais... Hahaha.

Ai... Você é mesmo uma maluquinha! Deixa eu me apresentar direito para o pessoal.

Que tal se eu te entrevistar igual você fez comigo? Meus fãs... Digo, seus fãs, vão adorar!

Não tem outro jeito, né?

Ah, para de reclamar e vamos começar. Deixa eu pegar meu bloquinho, para anotar tudooo o que você vai falar!

Você é *doidinha*, Bia!

Deixe de papo e vamos logo entrar na brincadeira, Bela! E já comece me falando seu nome...

Hmmm... Ok...
Isabela, mas pode chamar de Bela!

E sua idade...

Dez anos!

Tá velha, hein? HAHAHA

Você veio para me ajudar ou para me zoar?

Ai, tá... Vamos continuar! Seu signo é...

LIBRA!

E o ascendente? Tem que falar tudo, né, Bela!

Oiii??? O que é isso? A sem dente? Ou é o que vem antes do dente??? *Hahaha*. Bia, eu não faço a menor ideia do meu ascendente... E agora? Eu nasci no dia 10 de outubro de 2007, às 20h. Alguém aí pode me ajudar? Fiquei curiosa!

Vixiiii... Acho melhor deixar quieto! Não tá sabendo nada, hein, Bela.

Claro que estou! Mas bem que você podia fazer uma pergunta mais simples, vai.

Hmmm... Acho melhor pularmos a próxima aqui...

Pular? Como assim pular? Eu quero responder tudinho! Pode fazeeeeer!

Calma, Bela! É que essa é muito fácil... Sua cantora favorita...

AMO a Katy Perry! 😍 Minha mãe não me aguenta mais escutando só ela e até brinca que tocar dez ou até cem vezes por dia ainda vai, mas que eu exagero na dose. Será? Ahhh... Eu amo minha bff Katy. Falando em Katy Perry, bagunceiros, olhem essa montagem minha de Katy. EU AMEI *#sonho* 💖

A Bela virou a Katy Perry? Que tal deixar esse cenário ainda mais parecido com o do clipe da cantora? Solte a imaginação e deixe tudo bem colorido!

Uau, Bela! Que lindo! Mas... Voltando para a entrevista. Qual seu estilo?

Ai, depende... . Eu amo me enfeitar todinha, mas também amo ser básica. A única coisa é que o look precisa ser megaconfortável, se não for assim, como eu vou bagunçar?

É verdade, Bela! E a sua cor favorita, qual é?

Hmmm... se fosse só uma cor, então seria rosa, mas um rosa beeem brilhante! Mas... eu também adoro azul-turquesa, amarelo... Tudo que é uma explosão de cores, como um unicórnio, eu já estou amando! Eu AMO UNICÓRNIO!

Ama unicórnios, é? Só unicórnios?

Ai, claro que não, Bia... Eu amo meeeesmo, de verdade, a minha família!!! Ahhh... E eu tenho uma bonequinha de pano que é muito linda (e que eu amo), ela até fez uma participação na novelinha Maribela, que fiz no canal.

Você ama todo mundo, Bela! HAHAHA

Sim!!! Eu amo minha família, eu amo gravar vídeos, eu amo fazer bagunça e eu amooooo sushi e chocolate!!! Ahhhhh, e tem outra coisa que eu amo: SEREIAS! Nossa, bagunceiros... Esse universo de sereias e unicórnios até faz meu coração bater mais forte! Hahaha. Tenho até fotos vestida de sereia que vou mostrar para vocês. Mas... elas estão um pouco diferentes.

Você consegue encontrar 7 erros entre as fotos?

Você ama sereias **MESMO**, hein! E eu? E os bagunceiros?

Ahhh, é lógico, eu amo você, Bia Bagunça! Mais do que chocolate! E olha que eu amo muito chocolate! E eu **AMO** os bagunceiros, eles são os melhores do **MUNDO!**

Awwwwwnnn

E o que você quer ser quando crescer, Bela?

Nossa, que pergunta difícil, Bia! Hmmm... Eu amo fazer novelinhas no canal, né? Então, quero ser atriz! Mas queria ser cantora também, eu adoro cantar, sou a melhor cantora de chuveiro do Brasil! Ahhh, mas **LÓGICO** que eu quero continuar sendo youtuber, né?

Vai ser a atriz mais linda, né? ❤ Agora, me fala, qual é a sua meta de vida?

Eu quero conhecer o **MUNDO TODINHO!** Será que eu consigo?

Depende. Você vai me levar junto?

Ah, é claro, né, Bia!

Então, nós vamos conhecer todos os países! Hahaha.

Ai, vai para a próxima pergunta, Bia. *Hahaha!*

Bela, vem cá... Você tem algum bichinho de estimação?

Tenho dois! O meu mais novo amiguinho foi uma surpresa. É o *Zip*, um cachorrinho superfofo que o papai me deu, e o *Joka*, um hamster que eu já tinha e também *amooo!!!*

Ah, amo o Joka e o Zip! Eles são tão fofinhos, bagunceiros! Agora, vamos falar de escola, Bela!

Ah... eu adoro ir para a escola! Sou muito estudiosa, Bia!

Tá, tenho que admitir, é mesmo... E qual a sua matéria preferida, Bela?

Eu AMO estudar e conhecer novas línguas, tipo inglês!

Ah, você é muito chique mesmo, né, Bela? Eu ainda estou aprendendo a falar em português e você já fala até inglês...

Porque você é um bebê, né, Bia! Quando eu tinha três anos, eu também não sabia falar nem português direito, *hahaha*.

Ahhh, nossa entrevista acaba por aqui... Mas, Bela, que tal se a gente fizesse uma brincadeira com os bagunceiros para ver se eles prestaram atenção na nossa entrevista?

Eba! Achei SUPERULTRABIGMEGAPOWER SENSACIONAL! Mas o que a gente pode fazer, Bia?

Eu adoro brincar de palavras cruzadas, Bela. Vamos fazer?

Vamos!!! Então, bagunceiros, quero ver se prestaram atenção em tudo que eu falei! Sigam as dicas abaixo e preencham as palavras cruzadas!

3, 2, 1... JÁ!!!

1. O SIGNO DA BELA.
2. COMIDA QUE A BELA AMA.
3. QUEM É O JOKA?
4. O NOME DA NOVELINHA QUE A BONEQUINHA DE PANO DA BELA PARTICIPOU.
5. CANTORA QUE A BELA MAIS GOSTA.
6. A MATÉRIA PREFERIDA DA BELA.
7. O APELIDO DO IRMÃO DA BELA.

Bia, adorei ser entrevistada por você! Hahaha.
Mas preciso continuar o livro. 😘

Ahhh, tudo bem. Tchau, bagunceiros!!!

Prontos para o próximo capítulo, bagunceiros?

FAMÍLIA
lagunça

Se tem família mais bagunceira que a minha, juro que ainda não conheço! Aqui em casa, nós sempre nos divertimos juntos, seja em viagens, gravando lá para o canal ou até em brincadeiras no dia a dia. Não pensem que é só a Bia quem dá as caras nos vídeos. Os bagunceiros de plantão, com certeza, já conhecem toda a *Família Bagunça*, mas, se você é novo na turma e ainda não sabe quem eles são...

...VOU APRESENTAR PARA VOCÊS:

Essa é a mamãe bagunça. O nome dela é Juliana.

Esse é o papai bagunça. O nome dele é Marcus Vinicius.

Esse é meu irmão. O nome dele é Marcus Augusto, mas pode chamar de Magu.

Eles estão seeeeeempre nos meus vídeos e nós até temos um canal juntos, o FAMÍLIA BAGUNÇA. **MAS** agora é hora de vocês conhecerem a família mais bagunceira do universo de um jeito superdiferente: *eles também vão participar do livro* e contar as curiosidades mais legais para vocês! Preparados?

CORRE LÁ PARA SE INSCREVER!

goo.gl/kySJeq

Quem é mais bravo: papai ou mamãe?

PAPAI: Eu é que não sou.

MAMÃE: **Eu sou boazinha.**

BELA: Ahhh... Papai, nem vem! Você é mais bravo que a mamãe, sim! Hahaha.

MAGU: **Mas relaxa papai, às vezes a mamãe fica brava também.**

PAPAI: Tá vendo!

MAGU: **Mas bem menos! Hahaha!**

MAMÃE: Me defende, Magu!

PAPAI: **Ahhh, isso é complô contra mim! Hahaha.**

Quem é o mais comilão?

MAMÃE, BELA E MAGU: O PAPAI!!!

PAPAI: **Ei, o que é isso? Vocês amam quando eu faço churrasco aos domingos!**

BELA: Ah, papai, mas é porque o seu churrasco é o melhor do mundooo!

MAMÃE: **É verdade. Mas que você é o que mais come, isso é mesmo! Hahaha.**

PAPAI: Tá bom, tá bom...

Época do ano preferida

MAMÃE: Ahhh, eu gosto do Natal! Família toda reunida, com muito amor!

BELA: **O Natal é demais, principalmente porque já**

estou de férias da escola e tenho muitooo tempo para bagunçar e gravar vídeos para os bagunceiros!

MAGU: Para mim, a melhor época do ano é o meu aniversário. Eu passo o ano todo esperando para ganhar muitooos presentes.

PAPAI: **Eu gosto do final do ano, que estou de férias e tenho mais tempo para ficarmos todos juntos e podermos viajar.**

Viagem inesquecível

BELA: Nossa... eu AMO viajar! É uma das melhores coisas do MUNDO!

MAGU: **Verdade, Bela! Mas essa é fácil, eu sei responder. A gente AMA ir para a Disney e bagunçar bastante lá. Conseguimos deixar até o Mickey doido! Hahaha.**

BELA: É verdade! Hahaha. E eu adoro ir em todas as montanhas-russas de lá, né, mamãe?

MAMÃE: **Bagunceiros, vocês acreditam que eu adoro uma aventura? Eu vou com a Bela em tudo o que for radical. O Magu não vai porque não tem altura para isso, e o papai tem medo de altura...**

PAPAI: Eiii... não é medo, eu só prefiro ficar com os pés no chão. Mas eu concordo que ir para a Disney é sempre muito divertido.

Vídeo preferido da Família Bagunça

MAGU: Esse eu também sei, deixa eu falar, deixa eu falar!

BELA: **Fala, Magu! Quero ver se é o mesmo que eu estou pensando.**

MAGU: Foi o DORMINDO NO TELHADO!

BELA: **Eu concordo!!! Acertou, Magu! E vocês, papai e mamãe?**

PAPAI: Esse vídeo ficou muito legal e a gravação foi superdivertida.

MAMÃE: **Eu amooo esse vídeo! Bagunceiros, se quiserem ver o vídeo, é só acessar o link:**

y2u.be/s-DXVn8RLXY

Maior mico

BELA: Bagunceiros, já pagamos cada mico por causa de vocês que, olha... Já andamos de *pijama no shopping*, brincamos de sombra com as pessoas, já peguei pizza vestida de Homem-Aranha...

PAPAI: **Mas, com certeza, o maior mico de todos foi quando fizemos a brincadeira "IMPOSSÍVEL NÃO RIR" e eu acabei indo para o supermercado com a roupa da princesa Bela e a máscara do Batman.**

MAMÃE: Hahahaha. Esse dia foi muito legal mesmo. Eu fui vestida de Batgirl e com a peruca da Rapunzel.

MAGU: **Ei, e eu que fui com roupa de sereia e uma máscara de caveira? Que vergonhaaa!**

BELA: Hahahaha. Esse mico foi GIGANTE! Eu estava de Elsa com os chifres da Malévola.

MAMÃE: **Bagunceiros, vocês viram esse vídeo? Eu garanto para vocês que está muito engraçado. É só digitar o link:**

youtu.be/XUFzQ2hy68w

O que vocês mais gostam de fazer juntos?

BELA: Viajar e gravar vídeos SUPERDIVERTIDOS!

MAGU: **Eiii, Bela! Eu ia dizer isso... Mas eu também amo as nossas pizzas de sexta-feira!**

PAPAI: E nossas maratonas de Harry Potter.

MAMÃE: **Eu gosto de fazer qualquer uma dessas coisas, desde que estejamos juntinhos! Amo ficar em família.**

BELA: Ahhh, tem uma coisa que nós AMAMOS fazer juntos: COMER BRIGADEIRO! E, bagunceiros, vou compartilhar a receita desse brigadeiro especial com vocês. Eu chamo de *brigadeiro da bagunça* ou...

BAGUNÇADEIRO!

BAGUNÇADEIRO

Você vai precisar de...

- ✔ 1 caixinha ou lata de leite condensado
- ✔ 1 colher de margarina
- ✔ 5 colheres de achocolatado

Tempo total de preparo:

5 minutos (dá tempo de ver um vídeo lá no canal).

Modo de fazer:

Junte todos os ingredientes em um recipiente que seja alto e que possa ir ao micro-ondas. Quando estiver tudo bem misturado, leve para o micro-ondas por 2 minutos.

Quando esse tempo terminar, retire do micro-ondas (peça ajuda a um adulto, porque o recipiente ESTARÁ PEGANDO FOGO DE QUENTE).

Mexe, mexe e mexe, e volte por mais 2 minutos ao micro-ondas!

Quando apitar, retire a mistura, mexe mais um pouquinho (lembre-se que o recipiente estará QUENTE. CUIDADO!!!) e leve pela última vez ao micro-ondas por mais 1 minutinho.

Quando apitar, você retira e...

ADIVINHA?

MEXE BASTANTE!

AAHHH, esse brigadeiro é maravilhoso, vocês vão amar, bagunceiros!!!

CURIOSIDADE DA BAGUNÇA:

Você sabia que essa receita também está disponível lá no canal? É só digitar o link pra conferir!

youtube.com/watch?v=d1FE_5IPcGU

BAGUNCEIROS, como eu disse lá no começo do capítulo, essa família é realmente *a mais bagunceira e divertida da galáxia inteirinhaaaaa.* Para nós, foi superdivertido compartilhar essas histórias com vocês. Mas não fiquem tristes: o papai, a mamãe e o Magu ainda vão voltar para uma surpresa **PRA LÁ** de especial! O Magu, aliás, vai me ajudar com o próximo capítulo. Maaaasss... Vou dificultar um pouco para vocês: *que tal você me ajudar a chegar ao próximo capítulo?* Olha só!

Para continuar você precisa seguir a sequência de cores abaixo. Atenção, ela está na vertical e horizontal.

BELA VS Maga

Vocês estão muito espertos, viu? Hahaha.

Bagunceiros, vocês já devem ter visto a *novelinha* em que o Magu e eu trocamos de corpo lá no canal. Foi muito engraçado, porque nós somos MUITO diferentes! Mas isso não acontece só com a gente, né?! Se você tem alguém que é muito próximo (amigo, primo ou irmão) já deve ter percebido que vocês são diferentes!

POR MAIS QUE VOCÊS SE AMEM,
os gostos nunca são totalmente iguais.

Agora, vamos falar um pouquinho da nossa vida para vocês nos conhecerem ainda mais, mas será de uma forma *superdivertida!* Vocês vão adorar, bagunceiros! No final tem um espaço para você preencher junto com seu irmão ou até mesmo com um amigo, mas não vale pular pra lá, hein?!

Na lista abaixo, tem características minhas e do Magu, mas estão misturadas! Pinte de rosa as que você acredita que têm tudo a ver comigo, e de azul as que você jura que são do Magu.

- [ ] 1. ADORO CEBOLA
- [ ] 2. ADORO JOGAR VIDEOGAME
- [ ] 3. ADORO CHOCOLATE
- [ ] 4. GOSTO DE ESTUDAR
- [ ] 5. ESTOU SEMPRE PROCURANDO ALGO PARA FAZER
- [ ] 6. TENHO ÓTIMA MEMÓRIA, ME LEMBRO DE TUDO!
- [ ] 7. SOU FERA NO XADREZ
- [ ] 8. TIRO AS VERDURAS DA COMIDA
- [ ] 9.GOSTO DE DORMIR NA CAMA DA MAMÃE

- [ ] 10. SOU FÃ DE HARRY POTTER
- [ ] 11. NÃO GOSTO DE FICAR NO ESCURO
- [ ] 12. ADORO ESCALAR COISAS
- [ ] 13. AMO COLOCAR PIMENTA NA COMIDA
- [ ] 14. GOSTO DE ESCREVER POESIAS

Acertou tudo, bagunceiro? Quero só ver, hein! Agora, preparei um desenho *superlegal* e que vocês irão pintar um jeito diferentão, assim, vocês vão saber se acertaram tudo ou não!

Bagunceiro, agora, você vai pintar de rosa o número que você marcou como sendo meu, e de azul o que você marcou como do Magu. Se cada lado ficou de uma cor, é porque você acertou tudinhoooo, agora, se ficar tudo misturado... É porque alguma coisa você errou, mas não tem problema, vai ficar engraçado! Hahaha.

QUERO SÓ VER SE VOCÊ
ACERTOU TODAS, HEIN!

Poste o desenho com a hashtag #LIVROBELABAGUNÇA para eu ficar de olho em tudooo!

AGORA, É HORA DE CHAMAR O MAGU
PARA BRINCAR TAMBÉM!

Quem é mais animado na hora de ir ao shopping?

MAGU: Ahhh, shopping? Não, por que isso? Vamos ficar em casa mesmo. A mamãe e a Bela quando chegam no shopping querem morar lá.
BELA: Deixa de ser exagerado, Magu! Nós só ficamos o tempo necessário.
MAGU: Sei... O tempo necessário para as lojas fecharem!

E a mochila mais organizada? É de quem?

BELA: A minha! A do Magu é capaz de sair algum inseto!
MAGU: Deixa de ser exagerada, Bela. Inseto, não, mas confesso que a mochila da Bela é muitooo mais organizada.

Quem se arruma primeiro?

BELA: Ahhh, essa não vale, olha o tamanho do cabelo dele. Além disso, ele acorda e pega a primeira roupa que aparece na frente, pode usar uma blusa laranja, com uma calça verde e um sapato amarelo que está tudo bem.
MAGU: Não posso fazer nada se você é lenta como uma tartaruga. E sobre as combinações megacoloridas, o nome disso é estilo.
BELA: Estilo de assustar os outros.

O mais bagunceiro é...

BELA: O Magu, com certeza!
MAGU: Ei! Claro que não. Você é quem deixa as roupas espalhadas e não quer arrumar...
BELA: Mas você deixa os brinquedos em todo canto...
MAGU: Nós dois somos, então. Pode perguntar para a mamãe *Hahaha*.

Quem demora mais no banho?

MAGU: A Bela, a Bela, a Bela! Com certeza, a Bela!
BELA: Ei, espere aí! Eu tenho uma justificativa. Eu amo escutar música e cantar enquanto tomo banho. É o meu momento de relaxar.

Quem é mais obediente?

BELA: Eu!!!
MAGU: Mentira, sou eu!!!
BELA: Sai pra lá, Magu. De novo, nós dois. *Hahaha!*

Quem gosta mais de festa?

BELA: Euuuu! Amo uma festa! Nunca quero perder uma boa animação.
MAGU: Eu não curto festa. Prefiro ficar em casa.

Cor favorita?

BELA: Eu adoro cores! Azul-turquesa, amarelo... Mas não resisto a um rosa bem brilhante!
MAGU: Eu gosto de tudo bem radical! Verde, azul e laranja são minhas cores preferidas!

Doce ou Salgado?

BELA: Doce! Eu amooo!
MAGU: Com certeza salgado. Não gosto muito de doce.

Na escola eu sou...

BELA: Uma ótima aluna.
MAGU: Um pouquinho bagunceiro, mas muito inteligente também.

Meus amigos me acham...

BELA: Uma amiga para todas as horas.
MAGU: Legal e superengraçado.

Quem gosta mais de estudar?

BELA: Eu gosto muito de estudar, porque adoro tirar boas notas.
MAGU: Vamos pular para a próxima pergunta?
BELA: *Hahaha.* Esse Magu...

Brincadeira favorita?

BELA: Fazer arte e totó (que vocês também devem conhecer como pebolim).
MAGU: Futebol e pingue-pongue.

Esporte que mais amo?

BELA: Adoro natação!
MAGU: Futebol de novo! *Hahaha*.

Qual o brinquedo do outro que você mais gosta?

BELA: Eu amo o Zico, o macacaquinho de pelúcia do Magu!
MAGU: E eu amo o Mr. Bunny, o *coelhinho de pelúcia* da Bela!

Meu jogo preferido no celular:

BELA: Adoro Subway surfers e Slither.io.
MAGU: Talking Tom: Corrida do Ouro.
BELA: E, para brincar em família, aquele que coloca o celular na testa e o outro tenta adivinhar, sempre é muito engraçado.

AGORA, BAGUNCEIRO, É A *sua vez de preencher.* MAS FIQUE CALMO!

Se você não tiver um irmão ou irmã, pode chamar uma pessoa que você ame tanto quanto se vocês fossem irmãos! Depois, tire uma foto e poste com a hashtag:

#livrobelabagunça
para eu ver!

O mais bagunceiro é...

VOCÊ:

IRMÃO/Ã:

E a mochila mais organizada? É de quem?

VOCÊ:

IRMÃO/Ã:

Quem se arruma primeiro?

VOCÊ:

IRMÃO/Ã:

Quem é mais animado na hora de ir ao shopping?

VOCÊ:

IRMÃO/Ã:

Quem demora mais no banho?

VOCÊ:

IRMÃO/Ã:

Quem é mais obediente?

VOCÊ:

IRMÃO/Ã:

Quem gosta mais de festa?

VOCÊ: ______________________________

IRMÃO/Ã: ______________________________

Cor favorita?

VOCÊ: ______________________________

IRMÃO/Ã: ______________________________

Doce ou salgado?

VOCÊ: ______________________________

IRMÃO/Ã: ______________________________

Na escola eu sou...

VOCÊ: ______________________________

IRMÃO/Ã: ______________________________

Meus amigos me acham...

VOCÊ: ______________________________

IRMÃO/Ã: ______________________________

Quem gosta mais de estudar?

VOCÊ: ______________________________

IRMÃO/Ã: ______________________________

Brincadeira favorita?

VOCÊ:

IRMÃO/Ã:

Esporte que mais amo?

VOCÊ:

IRMÃO/Ã:

Qual o brinquedo do outro que você mais gosta?

VOCÊ:

IRMÃO/Ã:

Meu jogo preferido no celular:

VOCÊ:

IRMÃO/Ã:

TERMINARAM?

E aí, vocês são #superdiferentões ou #praticamentegêmeos?

Agora
vamos
para
o capítulo
MAIS DIVERTIDO
de todos os
livros que
você já leu.
Lembra que
eu disse
que tinha
preparado
um espaço
LOTADO DE
BRINCADEIRAS?
3, 2, 1...

BRINCANDO COM
a Bela

Bagunceiros, eu preparei, com muito carinho, uma historinha superlegal e cheia de desafios, assim, podemos brincar juntos, igual nos vídeos *"Brincando com a Bela"* lá no meu canal. Preparados?

3, 2, 1... QUE COMECE ESSA BELA BAGUNÇA!

Você recebeu um convite para um baile real. O que você achou disso?

A) Legal! Imagina só, um baile real!

B) Fico nervoso, morrendo de medo de fazer alguma coisa errada! Você não ficaria?

C) Ah, normal. É só um baile.

D) Com vergonha, porque eu não conheço ninguém!

E) Todas as alternativas acima. São tantas emoções que dá até um negócio no estômago!

Quando você chega à festa, descobre que o motorista do táxi errou o endereço e te deixou na festa errada. Na verdade, você acaba de chegar à festa da bruxa, que mora em um castelo superassustador! O que você faz?

A) Sai correndo. Eu é que não vou ficar aqui esperando para ver o que acontece. Tchau!

B) Entra para curtir... Festa é festa, né?

C) Desmaiar de nervoso é uma opção?

D) Faz cara de bravo e de malvado para se enturmar.

E) Bola um plano para sair dali e ir para a festa certa

Antes de conseguir tomar uma decisão, você acaba sendo preso pela bruxa. Agora, só pode sair do castelo se decifrar o enigma que ela propôs!

A bruxa só vai deixar você sair do castelo, se conseguir descobrir qual é a sombra correta dela!

Ahhh, bagunceiro! Eu sabia que você conseguiria sair da casa da bruxa! Como será que ela conseguiu reproduzir várias sombras dela daquele jeito? Só um *superpoder* mesmo para fazer aquilo. Dá um medo, não é? Hahaha. Agora, você tem que ir correndo para a festa da princesa! Mas, para conseguir chegar, precisará de uma carruagem SUPERULTRABIGMEGAPOWER ESPECIAL!

Desenhe aqui a carruagem que você gostaria de chegar ao castelo. Capriche!

Ufaaa! Você conseguiu chegar ao castelo da princesa... E OLHA QUE CASTELO LINDO! Que tal deixá-lo ainda mais bonito? Para isso, use a *imaginação*, porque a atividade é a seguinte:

Bagunceiro, quero ver esse castelo BEM LINDO. Aqui, você vai usar a criatividade para colorir. Mas tem um detalhe: você só pode usar TRÊS CORES! Isso mesmo! Escolha suas três cores preferidas. Depois, poste o resultado com a hashtag #LIVROBELABAGUNÇA, para os outros bagunceiros verem como ficou!

Ebaaa! Hora de entrar no castelo!!!

Ou não... Para você entrar na festa, deve decifrar um código. Ai, por que essas princesas são complicadas? Mas você não vai desistir, não é?

Para entrar no castelo, você precisa completar a sequência, seguindo a ordem das fotos.

VOCÊ ESTÁ DENTRO DO CASTELO!

Ei, parece que a rainha está chorando! O que será que aconteceu? Vá até lá falar com ela!

Descubra qual dos fios pode te levar até a rainha.

Oi, rainha! O que aconteceu? Por que você está chorando?

Elimine as letras W, Y e Z e descubra por que a rainha está triste.

ZA YBZRWUXA
LYEZVYOZU WA
WPZRIYNCZEYSA WE
NWÃYO SZEYI OWNDE
EWLYA WEYSZTÁ

Você viu isso? *Que bruxa malvada!* Você precisa ajudar a rainha a encontrar a linda princesa. Parece que a bruxa deixou uma pista em uma das paredes do castelo. Será que consegue decifrá-la?

Para desvendar esse mistério, ligue os pontos ao lado e descubra onde a princesa está escondida.

Agora que você conseguiu encontrar a princesa, no alto da torre mais alta de todo o reino, é hora de voltar para o castelo. Mas a bruxa dificultou tudo mais uma vez: ela escondeu alguns elementos na floresta e para ir embora, você precisa encontrá-los:

1 rosa, 1 borboleta, 1 pássaro, 1 coroa, 1 duende e 1 cavalo. Eles levarão você até o castelo. Boa sorte, bagunceiro!

Ebaaa!!! Você conseguiu encontrar todos os elementos que a bruxa escondeu, agora, é hora de ir embora, mas a princesa está perdida na floresta. Que tal ajudá-la a chegar até o castelo?

O caminho até o castelo é complicado.
Ajude a princesa a chegar até lá!

Parabéns, bagunceiro! A princesa está livre e já está no castelo!

MISSÃO CUMPRIDA!

Você conseguiu resgatar a princesa e ainda se divertiu bastante! *Bagunçar é isso: diversão pra valer!* Mas não pense que acabou por aqui... O próximo capítulo é **SUPERESPECIAL E DIVERTIDO!** E dessa vez, sem desafios, é só virar a página!

LUZ, CÂMERA, ação!

Ai, esse clima de princesa, castelos e bruxa me deixou muito inspirada! E me lembrou de uma novelinha lá do canal que vocês AMAM DEMAIS. Aí pensei, pensei e tive uma *ideia* brilhante... Então, trouxe uma supernovidade para vocês: UMA FOTONOVELA! Isso mesmo, uma novela interinha feita só com fotos!

Sério, bagunceiros, essa ideia foi demais!

E agora com vocês, a primeira e única ...

CINDEBELA!

CINDEBELAAAAA, VEM AQUI, SUA INCOMPETENTE.
SIM, IRMÃ.
JÁ FALEI PARA VOCÊ NÃO ME CHAMAR ASSIM.
CINDEBELA, ESTOU COM FOME. TRAGA ALGO PARA EU COMER. AGORAAA!

VOU PEGAR UM LANCHE BEM GOSTOSO. PODE SER UMA FRUTA?
QUALQUER COISA ... VAI LOGO, SUA LENTA.
TÁ, TÔ INDO.
AFFFF, MAS É MUITO INCOMPETENTE MESMO.

POR QUE ELA NÃO SE TORNA UMA PESSOA BOA? É TÃO FEIO SER ASSIM...
NOSSA, ACHEI QUE NÃO FOSSE VOLTAR NUNCA.

AGORA VAI LIMPAR A CASA. VAI, VAI LOGO!
POXA, TÔ #CHATEADA.
AQUELA FOLGADA TEM QUE VIR AQUI LIMPAR ESSA SUJEIRA.

CINDEBELAAAAA! LIMPE ESSA SUJEIRA E ME TRAGA ÁGUA, ESTOU MORRENDO DE CALOR!!!
MAS... POR QUE VOCÊ JOGOU NO CHÃO?
PORQUE EU QUIS! HAHAHAHAHAHA

ISSO NÃO ESTÁ CERTO. NÃO MESMO!
PARA! PARA AGORA!
VOCÊ NÃO ME OUVIU DIZENDO QUE QUERO ÁGUA? VOCÊ NÃO FAZ NADA DIREITO! ME TRAGA MUITA, MUITA ÁGUA!

TIVE UMA IDEIA...
MAS É MUITO BOBINHA, MESMO! HAHAHA
SUA ÁGUA, MADAME!

EU TE PEGO,
CINDEBELAAAA!
PLOFT!

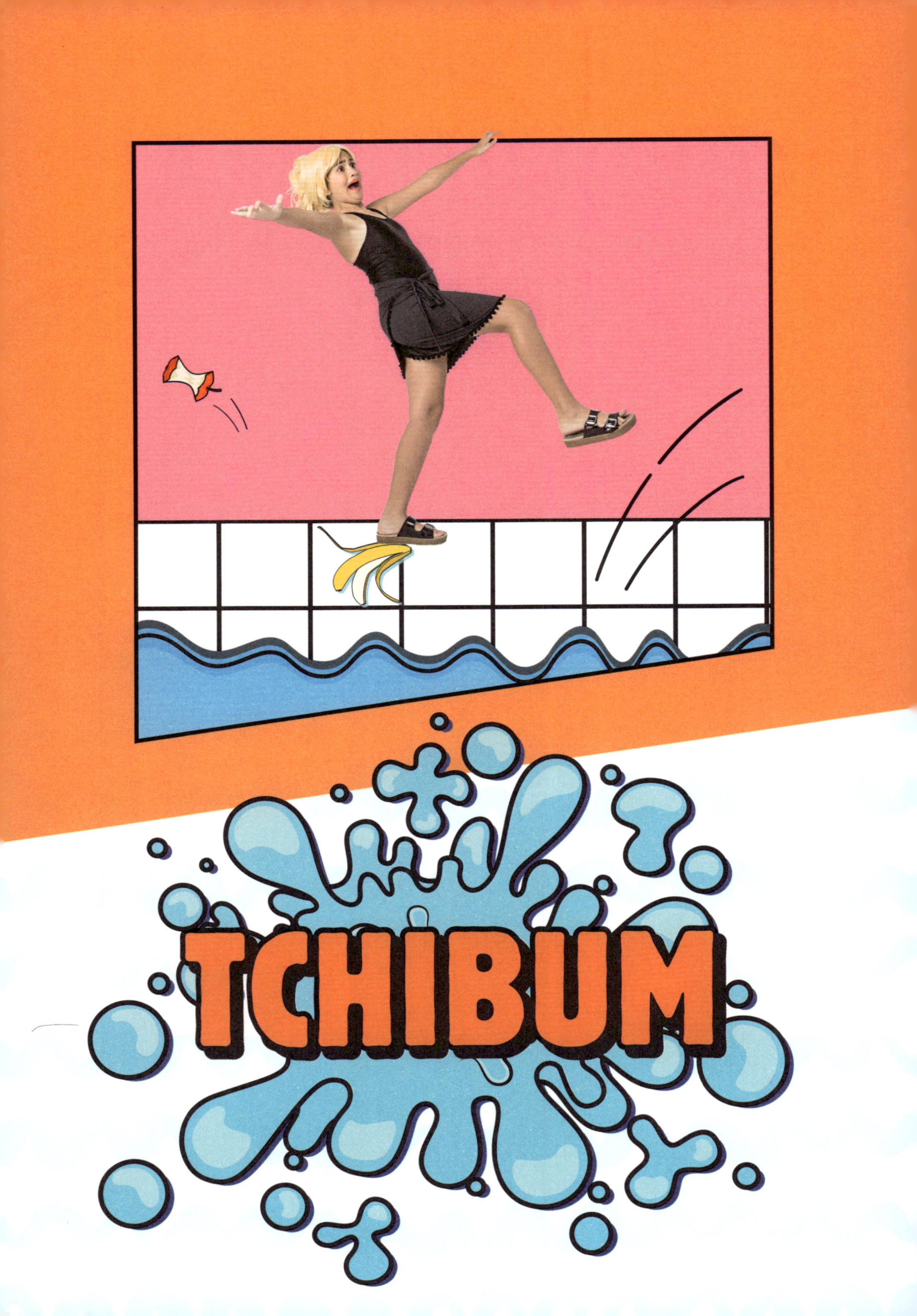
TCHIBUM

CINDEBELAAAA!

IRMÃ, PENSE PELO LADO BOM... PELO MENOS VOCÊ NÃO ESTÁ MAIS COM CALOR!

E aí... você gostou do que aconteceu com a Irmã Malvada?

( ) Sim

( ) Com certeza

E ENTÃO, BAGUNCEIRO, GOSTOU DA NOVELINHA?

A IRMÃ MALVADA NÃO ESPERAVA QUE A CINDEBELA FOSSE DAR UM BANHO NELA! HAHAHA.

BAGUNCEIROS VIAJANTES

do tempo

Bagunceiros, esse nosso tempo juntos passou tão rápido, né? Já estamos quase no final do livro... Mas, como eu disse que, no final, a mamãe, o papai e o Magu tinham preparado uma surpresa para mim, aqui está ela!

Vocês já pensaram em VIAJAR NO TEMPO?

Eu já! Na verdade, tô *seeeempre* viajando nas minhas ideias e fico maluquinha. Mas olha, outro dia fiquei imaginando como vai ser quando eu estiver mais velha, daqui uns cinco anos...

QUINZE ANOS!

DEBUTANTE!

PRÍNCIPE!

VESTIDO!

Isso parece até coisa de outra vida... Será que vou conseguir fazer tuuuudo que eu quero? Acho que só tem um jeito de eu lembrar isso...

Uma supercápsula do tempo

É muito legal! Você escreve um recado para você mesmo daqui cinco, dez, quinze anos... E deixa em um envelope fechado que só deve ser aberto na data que você escolher.

Tem gente até que enterra no quintal a cartinha e só procura anos depois (dentro de um recipiente de plástico bem fechado, CLARO!).

Bom, a ideia disso é que, daqui alguns anos, a gente consiga ver o quanto nossa vida, nossos pensamentos e sonhos mudaram!

Então, resolvi transformar estas páginas finais do livro numa espécie de cápsula do tempo!

Pedi para a mamãe, para o papai e para o Magu escreverem recadinhos pra mim, mas eu só poderei ler daqui cinco anos! Ai, será que vou conseguir segurar a ansiedade? Vocês, é claro, vão ler já! (Vocês vão ler primeiro!!!) Eu só lerei daqui cinco anos. 😰

Vai ser muito difícil, né? Milhares de bagunceiros sabendo o que tem no final do meu livro e eu não.
Tá bom, lá vai!

Vou fechar meus olhos:

3, 2, 1...

Proibido

para a
Bela

Recado do papai bagunça

Filha,
Estou muito feliz de ver como você cresceu, como está bonita, e tudo que você já conquistou em sua vida em tão pouco tempo.

Sempre soube que você iria realizar seus sonhos, afinal, você sempre se esforçou e foi muito dedicada: e é somente assim que os sonhos se realizam!

Quantas conquistas com apenas 15 anos, não é, filha? Você já é fluente em mais de duas línguas, tem seu livro, toca instrumentos musicais... Nossa, Bela, como adoro ouvir você cantar! E claro, fico muito feliz com o sucesso incrível do seu canal no YouTube.

Filha, que especial como pai ver quantas pessoas gostam de você, da minha princesa. Eu sempre estarei aqui para te apoiar e comemorarmos juntos todas as suas conquistas.

Bela, você é iluminada! Minha eterna bagunceira! Papai te ama, ontem, hoje e sempre.

Papai

Recado do Magu

Oiii, Bela!
Você tem muita sorte de ser a irmã mais velha, porque você sempre chega primeiro: foi a primeira a chegar na barriga da mamãe, ganhou sua bicicleta primeiro que eu e agora você é a primeira a conhecer o futuro.

O mais radical do futuro é que continuamos tendo as mais incríveis ideias de bagunças e continuamos viajando muito, conhecendo o mundo afora... E as nossas pizzas das sextas continuam uma delícia!

Agora, no ano de 2023, sou um menino de 12 anos, quase um homem (mamãe que não leia), e você tá cheia de ruguinhas. Sério!!! Eu tô vendo um monte... Brincadeira.

Tá, tá... Você está bonitinha, não quer mais elogios não, né?! Mas estou achando que a medida que nós vamos crescendo, as coisas vão melhorando. Ou seja, estou ficando um gato. 😉

Bela, eu tenho a melhor e mais bagunceira irmã do mundo, e como eu não conheço nenhuma lei que determina até que idade podemos bagunçar ou sermos felizes, eu decreto aqui que **NUNCA** deixaremos de ser irmãos bagunceiros de sangue e de coração!

Agora fuiiii...
Magu

Recado da mamãe bagunça

Filha, como você cresceu, tenho certeza que você vai estar do meu tamanho (ou, quem sabe, até mais alta! #queromeubebêdevolta).

Nossa, você já é uma moça de 15 anos! Nem acredito... Como o tempo voou.

Acho que esse ano está sendo uma verdadeira loucura, mas uma loucura muito boa – boa como a nossa bagunça de sempre. Estamos realizando um de seus sonhos que é a sua festa de 15 anos, uma festa que você sempre me pediu.

Tenho certeza que vai ser uma festa linda, porque ela está sendo feita com muito amor, e tudo que é feito com amor fica lindo.

São tantas coisas que quero saber... Por exemplo:

Você vai estar namorando??? Hmmm, como será que seu pai vai reagir? Hahaha, brincadeirinha!

Estou ansiosa para conhecer seus novos amigos... Tenho certeza que vou gostar deles, mas, se não gostar, você sabe que vou te falar, né? Eu não consigo ficar calada!

Bela, o mais importante, para mim, é que com 15 anos, você ainda me tenha como sua melhor amiga. Desde bebezinha, você sempre falou isso e hoje, sendo essa adolescente linda, espero que ainda pense assim!

Isso mesmo, filha, eu sempre serei sua melhor amiga, sempre guardarei todos os seus segredos e sempre, sempre, sempre vou estar aqui para TUDO o que você precisar...

Espero que você continue vendo o lado bom das coisas, permaneça sendo uma pessoa justa, que fica chateada ao ver alguém triste...

Nossa, filha... Você ainda é muito indecisa, não acredito! Hahahaha.

Mas tudo bem, porque o que me deixa mais realizada é ver como você é feliz. Sempre sorrindo e cheia de amigos. Eu simplesmente amo ver o seu sorriso.

Falava isso quando você era bebê, criança e continuo falando com essa minha Bela adolescente!

Filha, tenho orgulho de você... Eu te amo, eu te amo muito mais!

Mamãe

Recadinho da Bia Bagunça

Oiii,
Bela... O quê?! Achou que eu não ia dar as caras por aqui de novo?! Meu recadinho é um bônus. 😉

Eu, como presidente fundadora do canal, passei aqui pra dizer que você está ficando uma velha coroca de 15 anos muito linda.

Você está tão gigante que talvez você consiga ver o João, sabe, o João que fica no pé de feijão nas nuvens. Consegue??? Hahaha. Brincadeirinha....

Eu sei que você está crescendo, mas eu também sei que você sempre me guardou com todo o amor no seu coração.

Bela você é SUPERULTRABIGMEGAPOWER melhor irmã do mundo todo. Mas me promete de dedinho que vamos continuar sempre juntas? Não sei viver longe de você. Ainda temos muitas bagunças para fazermos juntinhas!

Eu te amo para sempreeee!
Com amor,

Bia Bagunça

Agora é a sua vez!

Bagunceiro, aqui, você vai fazer a sua cápsula do tempo. Depois, destaque a página e guarde em algum lugar. Você só poderá abrir a carta depois de 5 ANOS! 😱 Assim, você vai ver o quanto suas ideias, seus sonhos e suas opiniões mudaram nesse tempo. É MUITO LEGAL! Essa é a #CÁPSULADOTEMPODABAGUNÇA.

O que você quer ser quando crescer?

____

O que você mais gosta de fazer?

____

Quem é seu melhor amigo?

Qual é o seu sonho?

Qual é o seu bichinho de estimação?

Qual o seu brinquedo preferido?

O que você gostaria de aprender?

Posso abrir os olhos, gente?

AAAAAI,
TÔ CURIOSA!

BAGUNCEIROS, AGORA A BELA *já vai*

Eu sei o que você deve estar pensando:

AHHHHH, O LIVRO JÁ ESTÁ TERMINANDO...

Mas isso não significa que a bagunça acabou por aqui! Acho que esqueci de contar uma coisa, não gosto de despedidas! Então, promete que vai me ver lá no canal? Todos os dias?

SIIIIM!!!

Ebaaa!!!

Não quero desgrudar de você agora que já nos divertimos taaaaanto e nos conhecemos tão bem! Acho que todo mundo adorou esse tempo que passamos por aqui tanto quanto a família bagunça e eu, foi muito divertido, né? Aposto que vocês já estão esperando as próximas bagunças. (Eu também estou!) *Hmmm*... Quem sabe a gente ainda não se encontre mais vezes fora do canal?

Mas acho que isso fica sendo segredo!

Antes da aventura realmente terminar, não esquece de me contar o que vocês acharam dessa bagunça em forma de livro! É só usar a hashtag *#livrobelabagunça* nas redes sociais!

Um beijinho bem grande no seu coração e tchau, tchau!

ATÉ A NOSSA PRÓXIMA BAGUNÇA!!!

Bela Bagunça

respostas

24
NO CÔMODO QUE EU ESTOU TEM UMA TELEVISÃO ROXA.
(V) [X]
A PAREDE ATRÁS DE MIM É BRANCA.
(V) [X]
NO MEU CABELO TEM UMA PRESILHA DE FLOR.
[X] (F)
MEU QUEIXO ESTÁ COM TINTA VERDE.
[X] (F)
A PONTINHA DO MEU NARIZ ESTÁ COM TINTA AZUL.
(V) [X]
24

36
A Bia está escondida no quarto da Bela! Você consegue encontrá-la?

30
divertido!
O que é???
Vamos passar a receita para os bagunceiros, mas, para deixar um pouquinho mais divertido...
Eles devem encontrar, no caça-palavras, os ingredientes que estão sublinhados na página ao lado.
Preparados???
Y R A F S C B V U Z K P U V Q
G W O C V V N H Á Q Q Y G O K
N Z Z I M B N L G P X S Y H I
B B L F B L Y Z U F K G Z X D
Q E G R W C O R A N T E S P A
D A C A W B A Q B C C H D K B
B U S L Y Y J H O O T N W G L
B K M L P U A A R G J L P B J
U L R F E I W M I J C V C K F
J K E N R J Y Z C U W T V F H
W U L C V K I K A U I N C X H
D Q K D S B I Q D C B D R I T
H C C O L A B R A N C A M U H
E S P U M A D E B A R B E A R
C Q Q Y F I J E P Z U T H O U

45

Você consegue encontrar 7 erros entre as fotos?

63

Para continuar você precisa seguir a sequência de cores abaixo. Atenção, ela está na vertical e horizontal.

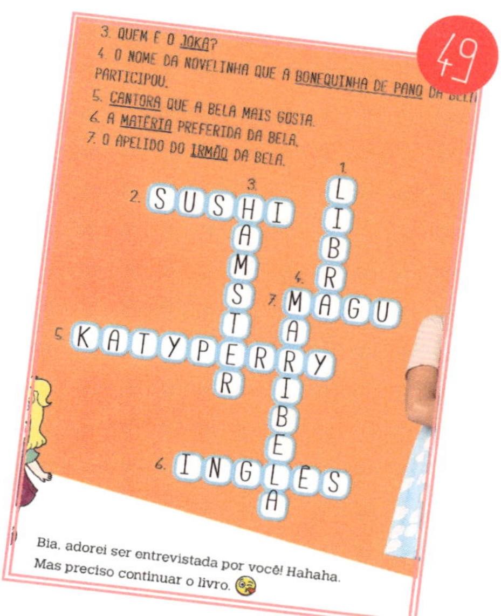
49

3. QUEM É O JOKA?
4. O NOME DA NOVELINHA QUE A BONEQUINHA DE PANO DA BELA PARTICIPOU.
5. CANTORA QUE A BELA MAIS GOSTA.
6. A MATÉRIA PREFERIDA DA BELA.
7. O APELIDO DO IRMÃO DA BELA.

Bia, adorei ser entrevistada por você! Hahaha.
Mas preciso continuar o livro.

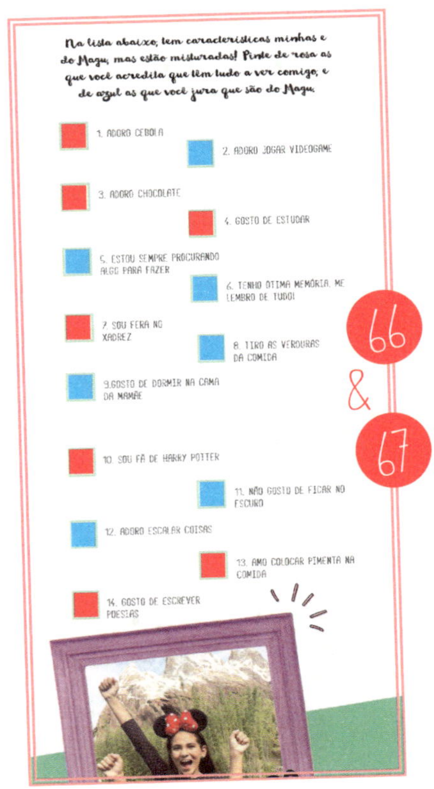
66 & 67

Na lista abaixo, tem características minhas e do Magu, mas estão misturadas! Pinte de rosa as que você acredita que têm tudo a ver comigo, e de azul as que você jura que são do Magu.

1. ADORO CEBOLA
2. ADORO JOGAR VIDEOGAME
3. ADORO CHOCOLATE
4. GOSTO DE ESTUDAR
5. ESTOU SEMPRE PROCURANDO ALGO PARA FAZER
6. TENHO ÓTIMA MEMÓRIA, ME LEMBRO DE TUDO!
7. SOU FERA NO XADREZ
8. TIRO AS VERDURAS DA COMIDA
9. GOSTO DE DORMIR NA CAMA DA MAMÃE
10. SOU FÃ DE HARRY POTTER
11. NÃO GOSTO DE FICAR NO ESCURO
12. ADORO ESCALAR COISAS
13. AMO COLOCAR PIMENTA NA COMIDA
14. GOSTO DE ESCREVER POESIAS

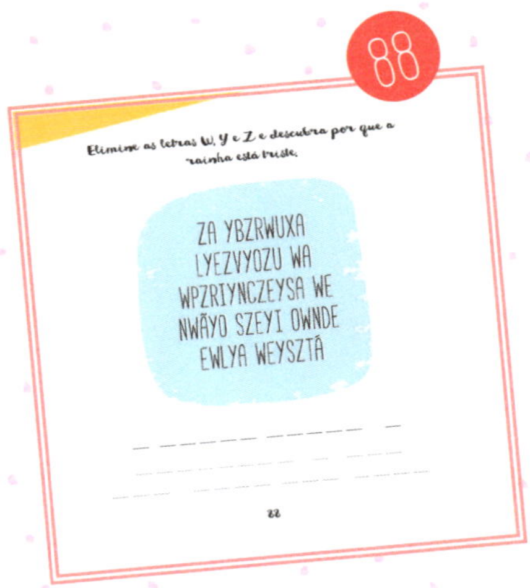

R: A BRUXA LEVOU A PRINCESA E NÃO SEI ONDE ELA ESTÁ

89

Você viu isso? *Que bruxa malvada!* Você precisa ajudar a rainha a encontrar a linda princesa. Parece que a bruxa deixou uma pista em uma das paredes do castelo. Será que consegue decifrá-la?

Para desvendar esse mistério, ligue os pontos ao lado e descubra onde a princesa está escondida.

29

92

Você conseguiu encontrar todos os elementos que a bruxa escondeu, agora, é hora de ir embora, mas a princesa está perdida na floresta. Que tal ajudá-la a chegar até o castelo?

O caminho até o castelo é complicado. Ajude a princesa a chegar até lá!

90 & 91

Agora que você conseguiu encontrar a princesa, no alto da torre mais alta de todo o reino, é hora de voltar para o castelo. Mas a bruxa dificultou tudo mais uma vez: ela escondeu alguns elementos na floresta e para ir embora, você precisa encontrá-los:

1 rosa, 1 borboleta, 1 pássaro, 1 coroa, 1 duende e 1 cavalo. Eles levarão você até o castelo. Boa sorte, bagunceiro!

Primeira edição (maio/2018) • Terceira reimpressão
Papel de capa Triplex 250g
Papel de miolo Offset 120g
Tipografias Calvert MT Std, Cabana e Inkheart Script
Gráfica GRAFILAR